总体国家安全观普及丛书

GUOJIA WENHUA ANQUAN ZHISHI BAIWEN

国家文化安全知识

本书编写组

人民出版社

前　言

习近平总书记提出的总体国家安全观立意高远、思想深刻、内涵丰富，既见之于习近平总书记关于国家安全的一系列重要论述，也体现在党的十八大以来国家安全领域的具体实践。总体国家安全观所指的国家安全涉及领域十分宽广，集政治、国土、军事、经济等多个领域安全于一体，但又不限于此，会随着时代变化而不断发展，是一种名副其实的"大安全"。为推动学习贯彻总体国家安全观走深走实，引导广大公民增强国家安全意识，在第七个全民国家安全教育日到来之际，中央有关部门在组织编写《国家科技安全知识百问》《国家核安全知识百问》《国家生物安全知识百问》等首批重点领域国家安全普及读本基础上，又组织编写了文化安全、生态安全、金融安全等3个领域的国家安全普及读本。

重点领域国家安全普及读本参照《国家安全知识百问》样式，采取知识普及与重点讲解相结合的形式，内容准确权威、简明扼要、务实管用。读本始终聚焦总体国家安全观，准确把握党中央最新精神，全面反映国家安全形势新变化，紧贴重点领域国家安全工作实际，并兼顾实用性与可读性，配插了图片、图示和视频二维码，对于普及总体国家安全观教育和提高公民"大安全"意识，很有帮助。

总体国家安全观普及读本编委会

2022 年 2 月

C目 录
ONTENTS

篇 二

★ 坚持正确的文化发展方向 ★

篇 三

★ 维护重点领域、重点区域文化安全 ★

篇 四

★ 提升维护塑造国家文化安全能力 ★

篇一

全面理解新时代国家文化安全

什么是国家文化安全？

　　国家文化安全是指一个国家文化相对处于没有危险和不受内外威胁的状态，以及保障、维护和塑造持续安全状态的能力。

> ❯ **重要论述**　**必须坚持总体国家安全观**
>
> 　　当前我国国家安全内涵和外延比历史上任何时候都要丰富，时空领域比历史上任何时候都要宽广，内外因素比历史上任何时候都要复杂，必须坚持总体国家安全观，以人民安全为宗旨，以政治安全为根本，以经济安全为基础，以军事、文化、社会安全为保障，以促进国际安全为依托，走出一条中国特色国家安全道路。
>
> 　　——习近平2014年4月15日主持召开中央国家安全委员会第一次会议时的讲话

> **延伸阅读** **加快构建新安全格局**

　　2021 年 11 月 18 日，中共中央政治局召开会议审议《国家安全战略（2021—2025 年）》。会议强调，新形势下维护国家安全，必须牢固树立总体国家安全观，加快构建新安全格局。必须坚持党的绝对领导，完善集中统一、高效权威的国家安全工作领导体制，实现政治安全、人民安全、国家利益至上相统一；坚持捍卫国家主权和领土完整，维护边疆、边境、周边安定有序；坚持安全发展，推动高质量发展和高水平安全动态平衡；坚持总体战，统筹传统安全和非传统安全；坚持走和平发展道路，促进自身安全和共同安全相协调。

　为什么要维护塑造国家文化安全?

　　文化是一个国家、一个民族的灵魂。统筹推进"五位一体"总体布局、协调推进"四个全面"战略布局，文化是重要内容；推动高质量发展，文化是重要支点；满足人民日益增长的美好生活需要，文化是重要因素；战胜前进道路上的各种风险挑战，文化是重要力量源泉。维护塑造国家文化安全，对于坚持和发展中国特色社会主义，全面建设社会主义现代化强国具有重要意义。

国家文化安全主要涉及哪些方面内容？

文化安全是随形势任务的变化动态发展的。从基本性质来看，主要包括文化主权、意识形态、文化认同、文化传统等方面的安全；从领域区域来看，主要包括网络文化、校园文化、文化遗产、重点地区文化等方面的安全；从工作内容来看，主要包括文化事业、文化产业、文化传播、文化交流等方面的安全。

> **相关知识** 中华传统文化中关于安全的论述

"安而不忘危，存而不忘亡，治而不忘乱，是以身安而国家可保也。"（《易传·系辞传下》）

"居安思危，思则有备，有备无患。"（《左传·襄公十一年》）

"生于忧患，死于安乐。"（《孟子·告子下》）

"天下之患，最不可为者，名为治平无事，而其实有不测之忧。"（苏轼《晁错论》）

"灭人之国，必先去其史；隳人之枋，败人之纲纪，必先去其史；绝人之材，湮塞人之教，必先去其史；夷人之祖宗，必先去其史。"（龚自珍《定庵续集·古史钩沉二》）

维护塑造国家文化安全的主要任务是什么？

坚持社会主义先进文化前进方向，继承和弘扬中华优秀传统文化，培育和践行社会主义核心价值观，防范和抵制不良文化的影响，牢牢掌握意识形态领域主导权和话语权，增强文化整体实力和竞争力。

> **延伸阅读**　**走中国特色国家安全道路**
>
> 　　2016年12月9日，中共中央政治局召开会议审议《关于加强国家安全工作的意见》。会议强调，必须坚持总体国家安全观，以人民安全为宗旨，统筹国内国际两个大局，统筹发展安全两件大事，有效整合各方面力量，综合运用各种手段，维护各领域国家安全，构建国家安全体系，走中国特色国家安全道路；必须坚持集中统一、高效权威的国家安全领导体制；必须坚持国家安全一切为了人民，一切依靠人民；必须坚持社会主义法治原则；必须开展国家安全宣传教育，增强全社会国家安全意识。

5　为什么要坚持党对国家文化安全工作的绝对领导？

　　中国特色社会主义最本质的特征是中国共产党领

导，中国特色社会主义制度的最大优势是中国共产党领导，党是最高政治领导力量。坚持党对国家安全工作的绝对领导，是做好国家安全工作的根本原则和重要保证。国家文化安全工作作为国家安全工作的重要组成部分，必须把坚持党的绝对领导落到实处。

 维护塑造国家文化安全为什么要高度重视意识形态工作？

意识形态工作是党的一项极端重要的工作，是为国家立心、为民族立魂的工作。做好意识形态工作，事关党的前途命运，事关国家长治久安，事关民族凝聚力和向心力。

> ❯ **重要论述**　**思想防线被攻破了，其他防线就很难守住**
>
> 　　一个政权的瓦解往往是从思想领域开始的，政治动荡、政权更迭可能在一夜之间发生，但思想演

化是个长期过程。思想防线被攻破了，其他防线就很难守住。我们必须把意识形态工作的领导权、管理权、话语权牢牢掌握在手中，任何时候都不能旁落，否则就要犯无可挽回的历史性错误。

——习近平 2013 年 8 月 19 日在全国宣传思想工作会议上的讲话

维护塑造国家文化安全为什么要坚持以人民为中心的工作导向？

　　江山就是人民，人民就是江山。民心是最大的政治，是我们党执政的政治基础。维护塑造国家文化安全，必须坚持以人民为中心的工作导向，统一思想、凝聚力量，切实保障人民文化权益，更好满足人民精神文化生活新期待。

> **重要论述**　**坚持以人民安全为宗旨**

　　坚持以人民安全为宗旨，国家安全一切为了人民、一切依靠人民，充分发挥广大人民群众积极性、主动性、创造性，切实维护广大人民群众安全权益，始终把人民作为国家安全的基础性力量，汇聚起维护国家安全的强大力量。

　　——习近平2020年12月11日主持中央政治局第二十六次集体学习时的讲话

8　维护塑造国家文化安全为什么要坚定文化自信？

　　文化自信是更基础、更广泛、更深厚的自信，是最基本、最深沉、最持久的力量。坚定文化自信，是事关国运兴衰、事关文化安全、事关民族精神独立性的大问题。没有高度的文化自信，没有文化的繁荣昌盛，就没有中华民族伟大复兴。

习近平在中国文联第十一次全国代表大会中国作协第十次全国代表大会开幕式上强调 增强文化自觉坚定文化自信 展示中国文艺新气象铸就中华文化新辉煌

 建设社会主义文化强国为什么要高度重视维护国家文化安全？

文化安全是建设社会主义文化强国的前提和基础。建设文化强国，需要文化安全提供良好环境和坚强保障。没有文化安全，文化强国就难以实现。只有切实维护文化安全，抵制和消除各种不利因素，才能促进文化的发展与繁荣，推动建设社会主义文化强国进程。

❯ 相关知识 2035 年基本实现社会主义现代化远景目标

《中共中央关于制定国民经济和社会发展第十四个五年规划和二〇三五年远景目标的建议》提出，到二〇三五年基本实现社会主义现代化远景目标：建成文化强国、教育强国、人才强国、体育强国、健康中国，国民素质和社会文明程度达到新高度，国家文化软实力显著增强等。

 为什么说没有文化繁荣兴盛就没有中华民族伟大复兴？

　　一个国家、一个民族的强盛，总是以文化兴盛为支撑的。没有先进文化的积极引领，没有人民精神世界的极大丰富，没有民族精神力量的不断增强，一个国家、一个民族不可能屹立于世界民族之林。中华民族伟大复兴既需要强大的物质力量，也需要强大的精神力量。

习近平在全国宣传思想工作会议上强调　胸怀大局把握大势着眼大事　努力把宣传思想工作做得更好

11 为什么要坚持高举中国特色社会主义伟大旗帜？

旗帜就是方向，旗帜就是力量。中国特色社会主义是改革开放以来党的全部理论和实践的主题。要高举中国特色社会主义伟大旗帜，坚持不懈用习近平新时代中国特色社会主义思想武装全党、教育人民、推动工作，推动当代中国马克思主义、二十一世纪马克思主义深入人心、落地生根。

习近平在全国宣传思想工作会议上强调 举旗帜聚民心育新人兴文化展形象 更好完成新形势下宣传思想工作使命任务

12 为什么要巩固马克思主义在意识形态领域的指导地位？

坚持马克思主义在意识形态领域指导地位的根

本制度，是恪守党的本质属性、巩固党的团结统一
的必然要求，是坚持正确发展道路、实现国家长治
久安的必然要求，是筑牢全体人民共同思想基础、
凝聚团结奋进强大精神力量的必然要求，是保证我
国文化建设正确方向、更好担负起新时代使命任务
的必然要求。

13 为什么要巩固全党全国人民团结奋斗的共同思想基础？

　　共同的思想基础是推进伟大事业的思想保证。中
国特色社会主义事业是一项全新的事业，前进的道路
上必然会遇到这样那样的新情况新课题，需要应对各
种可以预料和难以预料的困难和风险。只有巩固全党
全国人民团结奋斗的共同思想基础，我们才能凝聚起
各方面的智慧和力量，奋力把中国特色社会主义伟大
事业推向前进。

14 为什么要建设具有强大凝聚力和引领力的社会主义意识形态?

意识形态建设关系一个国家举什么样的旗帜、确立什么样的制度、坚持什么样的理论、走什么样的道路,对一个政党、一个国家、一个民族的生存发展至关重要。必须以更有力的领导、更有效的举措,牢牢掌握意识形态工作领导权,持续加强社会主义意识形态建设,巩固拓展意识形态阵地,更好服务党和国家中心工作,更好统一思想、凝心聚力。

> **❯ 延伸阅读**　**意识形态建设要为国家立心、为民族立魂**
>
> 加强意识形态工作,是用党的历史经验启迪智慧、传承发扬党的光荣传统的必然要求。我们党的百年历史,就是马克思主义科学真理不断得到验证彰显、战胜各种谬论迷思的历史,是社会主义意识形态不断赢得支持认同的历史。加强意识形态工作,

是切实做到"两个维护"、增强党的团结和集中统一的必然要求。以先进的意识形态、统一的思想意志将全党团结成"一块坚硬的钢铁",是确保全党始终步调一致向前进的重要保证。加强意识形态工作,是筑牢共同思想基础、凝聚磅礴奋进力量的必然要求。意识形态工作是在人的头脑里搞建设,向来发挥着"唤起工农千百万,同心干"的重要作用。

15 为什么要建设具有强大生命力和创造力的社会主义精神文明?

建设具有强大生命力和创造力的社会主义精神文明,是中国特色社会主义事业的重要特征和重要内容。推进精神文明建设,就是着眼于保证物质文明建设和经济社会发展始终坚持社会主义的方向,坚持正确的价值取向,润物无声、久久为功,着力培养时代新人、弘扬时代新风。

习近平会见全国精神文明建设表彰大会代表

16 为什么要建设具有强大感召力和影响力的中华文化软实力？

　　建设具有强大感召力和影响力的中华文化软实力，体现了中国日益走近世界舞台中央、适应和引领百年未有之大变局的高度自觉。推进文化软实力建设，就是要以文化自信为本，大力发展中国特色社会主义文化，展现中华文化独特魅力，为人类文明交流互鉴作出积极贡献。

> **相关知识**　**坚持把马克思主义基本原理同**

中华优秀传统文化相结合

　　马克思主义和中华优秀传统文化是维护和塑造我国国家文化安全的重要思想文化基础。马克思主义是中国共产党人理想信念的灵魂，中华优秀传统文化是中华民族的"根"和"魂"，中华优秀传统文化中的许多思想与马克思主义相融相通。我们党坚持把马克思主义基本原理同中华优秀传统文化相结合，用马克思主义真理的力量激活了伟大的中华文明，使中华文明再次迸发出强大精神力量。深刻理解马克思主义基本原理同中华优秀传统文化相结合，不断开辟马克思主义中国化新境界，不断推进我国国家文化安全事业的可持续发展。

 为什么要制定出台《中国共产党宣传工作条例》?

　　《中国共产党宣传工作条例》是我们党第一部关

于宣传工作的主干性、基础性党内法规。制定出台《条例》，是继承发扬宣传思想工作优良传统、贯彻落实习近平新时代中国特色社会主义思想的迫切需要；是坚持党对宣传思想工作的全面领导、加强宣传思想战线党的建设的迫切需要；是坚持全面依法治国、依规治党，加强宣传思想工作法治化建设的迫切需要。要以贯彻落实《条例》为契机，推动宣传思想工作迈上新台阶。

 为什么必须培育和践行社会主义核心价值观？

核心价值观是一个民族赖以维系的精神纽带，是一个国家共同的思想道德基础。培育和弘扬核心价值观，有效整合社会意识，是社会系统得以正常运转、社会秩序得以有效维护的重要途径，也是国家治理体系和治理能力的重要方面。社会主义核心价值观把涉及国家、社会、公民三个层面的价值要求融为一体，深刻回答了我们要建设什么样的国家、建设什么样的社会、培育什么样的公民的重大问题，是当代中国精神的集中体现，凝结着全体人民共同的价值追求。

新时代为什么要大力加强爱国主义教育？

　　爱国主义是中华民族的民族心、民族魂，是中华民族最重要的精神财富，是中国人民和中华民族维护民族独立和民族尊严的强大精神动力。当前，中国特色社会主义进入新时代，中华民族伟大复兴正处于关键时期。新时代加强爱国主义教育，对于振奋民族精神、凝聚全民族力量，夺取新时代中国特色社会主义伟大胜利，实现中华民族伟大复兴的中国梦，具有重大而深远的意义。

新时代为什么要大力加强公民道德建设？

　　中国特色社会主义进入新时代，加强公民道德建设、提高全社会道德水平，是全面建设社会主义现代化国家的战略任务，是适应社会主要矛盾变化、满足人民对美好生活向往的迫切需要，是促进社会全面进步、人的全面发展的必然要求。加强公民道德建设是一项长期而紧迫、艰巨而复杂的任务，要适应新时代新要求，坚持目标导向和问题导向相统一，进一步加大工作力度，把握规律、积极创新，持之以恒、久久为功，推动全民道德素质和社会文明程度达到一个新高度。

21 为什么要统筹文化发展和文化安全？

安全是发展的前提，发展是安全的保障。文化安全是文化发展的前提，忽视安全的发展是存在隐患、不可持续的；文化发展是文化安全的保障，忽视发展的安全是基础薄弱、不能长久的。坚持统筹文化发展和文化安全，才能实现高质量发展和高水平安全良性互动。

> **❯ 重要论述　统筹发展和安全**
>
> 党的十九届五中全会《建议》首次把统筹发展和安全纳入"十四五"时期我国经济社会发展的指导思想，并列专章作出战略部署，突出了国家安全在党和国家工作大局中的重要地位。这是由我国发展所处的历史方位、国家安全所面临的形势任务决定的。
>
> ——习近平 2020 年 12 月 11 日主持中央政治局第二十六次集体学习时的讲话

篇二

坚持正确的文化发展方向

什么是中国特色社会主义文化？

　　中国特色社会主义文化，源自于中华民族五千多年文明历史所孕育的中华优秀传统文化，熔铸于党领导人民在革命、建设、改革中创造的革命文化和社会主义先进文化，植根于中国特色社会主义伟大实践。中国特色社会主义文化积淀着中华民族最深层的精神追求，代表着中华民族独特的精神标识，是激励全党全国各族人民奋勇前进的强大精神力量。

怎样发展中国特色社会主义文化？

　　发展中国特色社会主义文化，就是以马克思主义为指导，坚守中华文化立场，立足当代中国现实，结合当今时代条件，发展面向现代化、面向世界、面向未来的，民族的科学的大众的社会主义文化，推动社会主义精神文明和物质文明协调发展。

发展中国特色社会主义文化为什么必须坚持"二为"方向？

《中华人民共和国宪法》第二十二条规定，国家发展为人民服务、为社会主义服务的文学艺术事业、新闻广播电视事业、出版发行事业、图书馆博物馆文化馆和其他文化事业，开展群众性的文化活动。这为我们发展中国特色社会主义文化必须坚持"二为"方向提供了根本法律遵循。

❯ 相关知识 "二为"方向的提出

1980年7月26日，《人民日报》发表社论，明确提出文艺为人民服务、为社会主义服务的"二为"方向，总结了党领导文艺工作的历史经验，反映了社会主义文艺发展繁荣的基本规律。

25　文化创作生产为什么要坚持"双百"方针？

"双百"方针是我们党对文化创作生产规律的科学总结，是繁荣发展社会主义文化事业的基本原则和重要保证。它要求尊重差异、包容多样，发扬学术民主、艺术民主，提倡不同观点、不同流派相互切磋、平等讨论，让文化创新精神竞相迸发，持续涌流。

> **相关知识**　"双百"方针的提出
>
> 1956 年，毛泽东在中央政治局扩大会议上指出，艺术问题上的"百花齐放"，学术问题上的"百家争鸣"，应该成为我国发展科学、繁荣文学艺术的方针。党中央确定"百花齐放，百家争鸣"作为发展科学文化事业的指导方针，即"双百"方针。"双百"方针是中国共产党领导文学艺术、科学研究工作的基本方针，是以毛泽东同志为主要代表的第一代党和国家领导人留下的宝贵历史遗产。

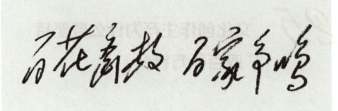

毛泽东关于"双百"方针的手迹

26 怎样推动中华优秀传统文化创造性转化、创新性发展？

传承和弘扬中华优秀传统文化，要重点做好创造性转化、创新性发展，使之与现实文化相融相通。创造性转化，就是要按照时代特点和要求，对那些至今仍有借鉴价值的内涵和陈旧的表现形式加以改造，赋予其新的时代内涵和现代表达形式，激活其生命力。创新性发展，就是要按照时代的新进步新发展，对中华优秀传统文化的内涵加以补充、拓展、完善，增强其影响力和感召力。

27 为什么要高度重视党的理论建设？

高度重视党的理论建设，坚持以科学理论引领全党、用科学理论武装全党，是我们党的优良传统和巨大优势。我们党之所以能够经历艰难困苦而不断发展壮大，很重要的一个原因就是始终重视思想建党、理论强党，使全党始终保持统一的思想、坚定的意志、协调的行动、强大的战斗力。做好理论建设各项工作，对于我们党更好地统一思想、凝聚力量、团结带领全国各族人民夺取新时代中国特色社会主义伟大胜利、实现中华民族伟大复兴，具有十分重要的意义。

庆祝中国共产党成立100周年大型文献专题片《敢教日月换新天》

为什么要坚持把马克思主义基本原理同中国具体实际相结合、同中华优秀传统文化相结合？

马克思主义理论不是教条而是行动指南，必须随着实践发展而发展，必须中国化才能落地生根、本土化才能深入人心。党之所以能够领导人民在一次次求索、一次次挫折、一次次开拓中完成中国其他各种政治力量不可能完成的艰巨任务，根本在于坚持解放思想、实事求是、与时俱进、求真务实，坚持把马克思主义基本原理同中国具体实际相结合、同中华优秀传统文化相结合，坚持实践是检验真理的唯一标准，坚持一切从实际出发，及时回答时代之问、人民之问，不断推进马克思主义中国化时代化。

纪念马克思诞辰200周年大会在京举行　习近平发表重要讲话

为什么要高度重视哲学社会科学?

一个没有发达的自然科学的国家不可能走在世界前列，一个没有繁荣的哲学社会科学的国家也不可能走在世界前列。坚持和发展中国特色社会主义，哲学社会科学具有不可替代的重要地位，哲学社会科学工作者具有不可替代的重要作用。坚持和发展中国特色社会主义，必须高度重视哲学社会科学，结合中国特色社会主义伟大实践，加快构建中国特色哲学社会科学。

习近平主持召开哲学社会科学工作座谈会强调　结合中国特色社会主义伟大实践　加快构建中国特色哲学社会科学

30 当代中国哲学社会科学区别于其他哲学社会科学的根本标志是什么？

坚持以马克思主义为指导，是当代中国哲学社会科学区别于其他哲学社会科学的根本标志。我国哲学社会科学坚持以马克思主义为指导，是近代以来我国发展历程赋予的规定性和必然性。

31 新闻舆论工作的职责使命是什么？

在新的时代条件下，党的新闻舆论工作的职责和使命是：高举旗帜、引领导向，围绕中心、服务大局，团结人民、鼓舞士气，成风化人、凝心聚力，澄清谬误、明辨是非，联接中外、沟通世界。

习近平在党的新闻舆论工作座谈会上强
调　坚持正确方向创新方法手段　提高新闻舆
论传播力引导力

32　为什么新闻舆论工作必须坚持党性原则？

　　党的新闻舆论工作是一项重要工作，是治国理政、定国安邦的大事。做好党的新闻舆论工作，要始终把政治方向摆在第一位，坚持党性原则，坚持党管宣传、党管意识形态、党管媒体，坚持政治家办报、办刊、办台、办新闻网站，让党的主张成为时代最强音。

33　如何把党管媒体落到实处？

　　新闻事业作为党的事业的组成部分，必须无条件接受党的领导，必须充分体现党的意志、宣传党的主张。所有从事新闻信息服务、具有媒体属性和舆论动员功能的传播平台都要纳入管理范围，所有新闻信息服务和相关业务从业人员都要实行准入管理。

34 新闻舆论为什么要坚持团结稳定鼓劲、正面宣传为主？

　　坚持团结稳定鼓劲、正面宣传为主，是党的新闻舆论工作必须遵循的基本方针。要正确认识主流和支流、成绩和问题、全局和局部的关系，集中反映社会健康向上的本质，客观展示发展进步的全貌，使之同我国改革发展蓬勃向上态势相协调，激发全党全社会团结奋进、攻坚克难的强大力量，调动各方面积极性、主动性、创造性。

庆祝中华人民共和国成立70周年大型文献专题片《我们走在大路上》

35 为什么新闻舆论工作各个方面、各个环节都要讲导向？

　　舆论导向正确是党和人民之福，舆论导向错误是党和人民之祸。舆论导向正确，就能凝聚人心、汇聚力量，推动事业发展；舆论导向错误，就会动摇人心、瓦解斗志，危害党和人民事业。新闻舆论工作各个方面、各个环节都要坚持正确舆论导向。各级党报党刊、电台电视台要讲导向，都市类报刊、新媒体也要讲导向；新闻报道要讲导向，副刊、专题节目、广告宣传也要讲导向；时政新闻要讲导向，娱乐类、社会类新闻也要讲导向；国内新闻报道要讲导向，国际新闻报道也要讲导向。

> **❯ 重要论述　任何新闻报道都有导向**
>
> 　　有人说，新闻报道只是一种信息发布和信息传播，有什么就报道什么，无所谓导向问题。这种看法是不对的。"文者，贯道之器也。"任何新闻报道，

都有导向，报什么、不报什么、怎么报都包含着立场、观点、态度。新闻报道既要报道国内外新闻事件，更要传达正确的立场、观点、态度，引导人们分清对错、好坏、善恶、美丑，激发人们向上向善的精神力量。

——习近平2016年2月19日在党的新闻舆论工作座谈会上的讲话

36 为什么要推动媒体融合发展？

　　推动媒体融合发展，是应对全媒体时代机遇挑战、实现新闻媒体新旧动能转换的迫切需要，是应对日益复杂严峻的网络意识形态斗争形势、牢牢掌握思想领域主动权主导权的重大举措，是夯实党执政的社会基础群众基础、使互联网这个最大变量变成事业发展最大增量的战略抉择，对于加强党的执政能力建设，推进国家治理体系和治理能力现代化，确保政治安全、意识形态安全和文化安全具有重要战略意义。

> **延伸阅读**　**推动传统媒体和新兴媒体融合发展**

　　整合新闻媒体资源，推动传统媒体和新兴媒体融合发展，是落实中央全面深化改革部署、推进宣传文化领域改革创新的一项重要任务，是适应媒体格局深刻变化、提升主流媒体传播力公信力影响力和舆论引导能力的重要举措。通过融合发展，使我们的主流媒体科学运用先进传播技术，增强信息生产和服务能力，更好地传播党和政府声音，更好地满足人民群众的信息需求。

　如何加快推动媒体融合发展？

　　要因势而谋、应势而动、顺势而为，加快推动媒体融合发展，使主流媒体具有强大传播力、引导力、影响力、公信力，形成网上网下同心圆，使全体人民在理想信念、价值理念、道德观念上紧紧团结在一起，让正能量更强劲、主旋律更高昂。

38 如何打造新型主流媒体？

　　坚持一体化发展方向，加快从相加阶段迈向相融阶段，通过流程优化、平台再造，实现各种媒介资源、生产要素有效整合，实现信息内容、技术应用、平台终端、管理手段共融互通，催化融合质变，放大一体效能，打造一批具有强大影响力、竞争力的新型主流媒体。

❯ 相关知识　新型主流媒体

　　新型主流媒体是新媒体与主流媒体融合后的产物，是凭借内容优势、资源优势与品牌优势，通过流程优化、平台再造，新旧媒体一体化发展，各种媒介资源、生产要素有效整合，信息内容、技术应用、平台终端、管理手段共融互通，形成具有强大传播力、影响力、引导力、公信力的全媒体。新型主流媒体打破了传统媒介之间的壁垒，消融了媒体介质之间以及传播者与接受者之间的边界，使得媒体个性化更突出，受众更广泛，表现形式也多种多样。

39 为什么要传承和弘扬好中华优秀传统文化？

中华优秀传统文化是中华民族的突出优势，是我们在世界文化激荡中站稳脚跟的根基，必须结合新的时代条件传承和弘扬好。我们实施中华优秀传统文化传承发展工程，推动中华优秀传统文化创造性转化、创新性发展，增强全社会文物保护意识，加大文化遗产保护力度。

◎ 延伸阅读　传承和弘扬好中华优秀传统文化

　　中华优秀传统文化是中华民族的精神命脉。我们要汲取中华优秀传统文化中的营养和智慧，在创造性转化和创新性发展中展现中华优秀传统文化的独特魅力。"不忘本来"，深刻理解中华优秀传统文化是中华民族的突出优势，筑牢文化自信之基。"吸收外来"，善于融通国外各种有益的思想文化资源，吸收借鉴人类创造的一切优秀文明成果。"面向未来"，回答好"坚持中国道路、弘扬中国精神、凝聚中国力量"的时代课题，激发文化价值潜能。

青铜之冠——秦陵彩绘铜车马

为什么说光荣传统不能丢、红色基因不能变？

　　光荣传统是我们党性质和宗旨的集中体现，红色基因是我们中国共产党人的本色。无论我们走得多远，都不能忘记来时的路。光荣传统不能丢，丢了就丢了魂；红色基因不能变，变了就变了质。

 社会主义文艺为什么要坚持以人民为中心的创作导向？

　　社会主义文艺，从本质上讲，就是人民的文艺。人民需要文艺，文艺需要人民。人民的需要是文艺存在的根本价值所在。人民是文艺创作的源头活水，一旦离开人民，文艺就会变成无根的浮萍、无病的呻吟、无魂的躯壳。要坚持以人民为中心的创作导向，把人民放在心中最高位置，把人民满意不满意作为检验艺术的最高标准，创作更多满足人民文化需求和增强人民精神力量的优秀作品，让文艺百花园永远为人民绽放。

 为什么说中国精神是社会主义文艺的灵魂？

　　文艺是铸造灵魂的工程，文艺工作者是灵魂的工程师。文艺创作要始终高扬社会主义核心价值观的旗帜，把以爱国主义为核心的民族精神和以改革创新为核心的时代精神作为主旋律，追求真善美，让中国精神成为社会主义文艺的灵魂。

> ❯ **相关知识** **第一批纳入中国共产党人精神谱系的伟大精神**
>
> 　　第一批纳入中国共产党人精神谱系的伟大精神是：建党精神；井冈山精神、苏区精神、长征精神、遵义会议精神、延安精神、抗战精神、红岩精神、西

柏坡精神、照金精神、东北抗联精神、南泥湾精神、太行精神（吕梁精神）、大别山精神、沂蒙精神、老区精神、张思德精神；抗美援朝精神、"两弹一星"精神、雷锋精神、焦裕禄精神、大庆精神（铁人精神）、红旗渠精神、北大荒精神、塞罕坝精神、"两路"精神、老西藏精神（孔繁森精神）、西迁精神、王杰精神；改革开放精神、特区精神、抗洪精神、抗击"非典"精神、抗震救灾精神、载人航天精神、劳模精神（劳动精神、工匠精神）、青藏铁路精神、女排精神；脱贫攻坚精神、抗疫精神、"三牛"精神、科学家精神、企业家精神、探月精神、新时代北斗精神、丝路精神。

这些精神，集中彰显了中华民族和中国人民长期以来形成的伟大创造精神、伟大奋斗精神、伟大团结精神、伟大梦想精神，彰显了一代又一代中国共产党人"为有牺牲多壮志，敢教日月换新天"的奋斗精神。

庆祝中国共产党成立100周年大型情景史诗《伟大征程》

43 为什么必须把创作生产优秀作品作为文艺工作的中心环节？

衡量一个时代的文艺成就最终要看作品，优秀文艺作品反映着一个国家、一个民族的文化创造能力和水平。推动文艺繁荣发展，最根本的是要创作生产出无愧于我们这个伟大民族、伟大时代的优秀作品。吸引、引导、启迪人们必须有好的作品，推动中华文化走出去也必须有好的作品。

〉典型案例 柳青创作《创业史》

《创业史》是中国作家柳青创作的长篇小说。柳青 1952 年曾任陕西长安县县委副书记，为了深入农民生活，后来辞去了县委副书记职务、保留常委职务，定居在皇甫村，蹲点 14 年，集中精力创作《创业史》。《创业史》表现了中国农业社会主义改造伟大历史进程中的深刻转变，被誉为"经典性的史诗之作"。2019 年 9 月，《创业史》入选"新中国 70 年 70 部长篇小说典藏"。

柳青（左一）在和群众交谈

> **延伸阅读**　文章合为时而著，歌诗合为事
而作

　　白居易坚持"文章合为时而著，歌诗合为事而作"的创作原则。这句话出自唐代大诗人白居易写给好友元稹的《与元九书》。这一原则回应了当时文艺创作遇到的挑战，因其注重发挥文艺的基本功能，符合社会发展的现实需要，而获得后世广泛的共鸣，在文学史和文化史上，都有极为深远的意义。白居易还以自身创作实践为依据，提出了一些与之相关

的主张，如认为诗歌应"救济人病、裨补时阙"，诗人应"志在兼济、行在独善"。他的诗文创作忠实地践行了上述理念，许多作品深刻地反映社会现实、同情人民的疾苦，其中《观刈麦》《卖炭翁》《采地黄者》等，都是广为人知的名篇。

44 文艺创作为什么要把爱国主义作为主旋律？

在社会主义核心价值观中，最深层、最根本、最永恒的是爱国主义。爱国主义是常写常新的主题。拥有家国情怀的作品，最能感召中华儿女团结奋斗。当代文艺要把爱国主义作为创作的主旋律，引导人民树立和坚持正确的历史观、民族观、国家观、文化观，增强做中国人的骨气和底气。

> 相关知识　中国历史上的爱国主义精神财富

　　中国历史上，范仲淹的"先天下之忧而忧，后天下之乐而乐"，陆游的"王师北定中原日，家祭无忘告乃翁""位卑未敢忘忧国""夜阑卧听风吹雨，铁马冰河入梦来"，文天祥的"人生自古谁无死，留

庆祝中华人民共和国成立 70 周年电影《我和我的祖国》海报

取丹心照汗青"，林则徐的"苟利国家生死以，岂因
祸福避趋之"，岳飞的《满江红》，方志敏的《可爱
的中国》，等等，激励着一代又一代中华儿女为祖国
发展繁荣而自强不息、不懈奋斗。

庆祝中华人民共和国成立70周年大型音乐
舞蹈史诗《奋斗吧　中华儿女》

45 为什么说文艺不能在市场经济大潮中迷失方向？

　　文艺承担着成风化人的职责，最能代表一个时代
的风貌，最能引领一个时代的风气。急功近利，竭泽
而渔，粗制滥造，不仅是对文艺的一种伤害，也是对
社会精神生活的一种伤害。文艺不能在市场经济大潮
中迷失方向，不能在为什么人的问题上发生偏差，否
则文艺就没有生命力。

为什么说意识形态属性是文化产业的本质属性？

　　文化产业是一个内容产业。文化产业既有意识形态属性，又有市场属性，但意识形态属性是本质属性。一定要牢牢把握正确导向，坚持守正创新，确保文化产业持续健康发展。

 为什么在文化建设中要坚持把社会效益放在首位，社会效益和经济效益相统一？

　　在发展社会主义市场经济的条件下，许多文化产品要通过市场实现价值，当然不能完全不考虑经济效益。同社会效益相比，经济效益是第二位的，当两个效益、两种价值发生矛盾时，经济效益要服从社会效益，市场价值要服从社会价值。

为什么要坚持全人类共同价值?

　　各国历史、文化、制度、发展水平不尽相同，但各国人民都追求和平、发展、公平、正义、民主、自由的全人类共同价值。我们要本着对人类前途命运高度负责的态度，做全人类共同价值的倡导者，以宽广胸怀理解不同文明对价值内涵的认识，尊重不同国家人民对价值实现路径的探索，把全人类共同价值具体地、现实地体现到实现本国人民利益的实践中去。

 为什么要推动文明交流互鉴?

　　文明因多样而交流，因交流而互鉴，因互鉴而发展。文明交流互鉴，是推动人类文明进步和世界和平发展的重要动力。中华文明是在同其他文明不断交流互鉴中形成的开放体系。推动文明交流互鉴，可以丰富人类文明的色彩，让各国人民享受更富内涵的精神生活，开创更有选择的未来。

习近平出席亚洲文明对话大会开幕式并发表主旨演讲

相关知识　亚洲文明对话大会

　　2019 年 5 月 15 日，亚洲文明对话大会在北京开幕，中华人民共和国国家主席习近平出席大会并发表主旨演讲。亚洲文明对话大会是继博鳌亚洲论坛之后，中国主要面向亚洲搭建的又一重要对话合作平台。

亚洲文明对话大会的重要活动之一——亚洲文化嘉年华

为什么说"世界上各种文化之争，本质上是价值观念之争"？

价值观念在一定社会的文化中是起中轴作用的，文化的影响力首先是价值观念的影响力。世界上各种文化之争，本质上是价值观念之争，也是人心之争、意识形态之争，正所谓"一时之强弱在力，千古之胜负在理"。

为什么要旗帜鲜明地反对和抵制历史虚无主义？

历史虚无主义的要害，是从根本上否定马克思主义指导地位和中国走向社会主义的历史必然性，否定中国共产党的领导。如果历史观错误，不仅达不到学习教育的目的，反倒会南辕北辙、走入误区。我们要旗帜鲜明反对历史虚无主义，加强思想引导和理论辨析，澄清对党史上一些重大历史问题的模糊认识和片面理解，更好正本清源、固本培元。

52 为什么要反对西方所谓"普世价值"？

"普世价值"是西方资本主义意识形态的包装形式，有其特定内涵和政治用意。西方极力将"自由""民主""人权"等价值观美化成"普世价值"，

"民主峰会"是美式民主的最后一块遮羞布（图片来源：中国日报）

并到处输出贩卖，企图诱导人们"以西为美""唯西是从"，淡化乃至放弃对本民族精神文化的认同。对此，我们需要廓清思想迷雾，认清其实质和危害。

篇三

维护重点领域、重点区域文化安全

如何把握网络文化安全的重要性？

网络文化已成为文化建设的重要组成部分。网络促进了文化交流和知识普及，释放了文化发展活力，推动了文化创新创造，丰富了人们精神文化生活，已经成为传播文化的重要途径、提供公共文化服务的重要手段。网络上各种思想文化相互激荡、交锋，能否顶得住、打得赢，直接关系我国意识形态安全和政权安全。谁掌握了网络，谁就抢占了意识形态斗争制高点，谁就把握住了信息时代国家安全和发展的命脉。

> **◆ 相关知识　十亿用户接入互联网**
>
> 据中国互联网络信息中心发布的第 48 次《中国互联网络发展状况统计报告》，截至 2021 年 6 月，我国网民规模达 10.11 亿，较 2020 年 12 月增长 2175 万，互联网普及率达 71.6%，超过全球平均水平 6 个百

分点。十亿用户接入互联网，形成了全球最为庞大、生机勃勃的数字社会。

 如何营造风清气正的网络空间？

要本着对社会负责、对人民负责的态度，依法加强网络空间治理，加强网络内容建设，做强网上正面宣传，培育积极健康、向上向善的网络文化，用社会主义核心价值观和人类优秀文明成果滋养人心、滋养社会，做到正能量充沛、主旋律高昂，为广大网民特别是青少年营造一个风清气正的网络空间。

55　如何构建网上网下同心圆？

要加强互联网内容建设，旗帜鲜明坚持正确政治方向、舆论导向、价值取向，用习近平新时代中国特色社会主义思想团结、凝聚亿万网民。要敢于向各种错误言论思潮亮剑，严密防范和抑制网上攻击渗透，澄清谬误、正本清源，使网络负面论调降下来、正面声音强起来。要走好网络群众路线，让互联网成为党员领导干部和群众交流沟通的新平台，成为了解群众、贴近群众、为群众排忧解难的新途径，成为发扬人民民主、接受人民监督的新渠道。

> ❯ **重要论述**　**网上网下要形成同心圆**
>
> 　　实现"两个一百年"奋斗目标，需要全社会方方面面同心干，需要全国各族人民心往一处想、劲往一处使。如果一个社会没有共同理想，没有共同目标，没有共同价值观，整天乱哄哄的，那就什么

事也办不成。我国有十三亿多人，如果弄成那样一个局面，就不符合人民利益，也不符合国家利益。

凝聚共识工作不容易做，大家要共同努力。为了实现我们的目标，网上网下要形成同心圆。什么是同心圆？就是在党的领导下，动员全国各族人民，调动各方面积极性，共同为实现中华民族伟大复兴的中国梦而奋斗。

——习近平 2016 年 4 月 19 日在网络安全和信息化工作座谈会上的讲话

56 为什么要把思想政治工作贯穿教育教学全过程？

高校思想政治工作关系高校培养什么样的人、如何培养人以及为谁培养人这个根本问题。要坚持把立德树人作为中心环节，把思想政治工作贯穿教育教学全过程，实现全程育人、全方位育人。

习近平主持召开学校思想政治理论课教师座谈会强调　用新时代中国特色社会主义思想铸魂育人　贯彻党的教育方针落实立德树人根本任务

 青年为什么要扣好人生第一粒扣子？

　　青年的价值取向决定了未来整个社会的价值取向，而青年又处在价值观形成和确立的时期，抓好这一时期的价值观养成十分重要。这就像穿衣服扣扣子一样，如果第一粒扣子扣错了，剩余的扣子都会扣错。人生的扣子从一开始就要扣好。

 为什么要加强高校意识形态阵地建设？

　　高校作为意识形态工作前沿阵地，肩负着学习研

究宣传马克思主义、培育和弘扬社会主义核心价值观、为实现中华民族伟大复兴的中国梦提供人才保障和智力支持的重要任务。做好高校宣传思想工作，加强高校意识形态阵地建设，是一项战略工程、固本工程、铸魂工程，事关党对高校的领导，事关全面贯彻党的教育方针，事关中国特色社会主义事业后继有人，对于巩固马克思主义在意识形态领域的指导地位，巩固全党全国人民团结奋斗的共同思想基础，具有十分重要而深远的意义。

大中小学为什么要理直气壮开好思想政治理论课？

青少年是祖国的未来、民族的希望。在大中小学循序渐进、螺旋上升地开设思想政治理论课非常必要，是培养一代又一代社会主义建设者和接班人的重要保障。我们办中国特色社会主义教育，就是要理直气壮开好思政课，用习近平新时代中国特色社会主义思想铸魂育人，引导学生增强中国特色社会主义道路自信、理论自信、制度自信、文化自信，厚植爱国主义情怀，把爱国情、强国志、报国行自觉融入坚持和发展中国特色社会主义事业、建设社会主义现代化强国、实现中华民族伟大复兴的奋斗之中。

为什么要守好学校讲台主阵地？

"师者，所以传道授业解惑也。"教书育人是中华优秀传统文化的重要理念，讲台是传授知识和传播价值观的地方。突出课堂育德，充分发挥课堂主渠道作用，引导广大教师守好讲台主阵地，将立德树人放在首要位置，融入渗透到教育教学全过程，以心育心、以德育德、以人格育人格，实现全员全过程全方位育人，增强育人的主动性、针对性、实效性，避免重教书轻育人倾向。

为什么要着力加强马克思主义学院建设？

马克思主义学院是学习研究宣传马克思主义的主阵地。加强马克思主义学院建设，是深化马克思主义理论研究和建设的重要举措，是培养担当民族复兴大任时代新人的内在要求，对于构建以马克思主义为指导的中国特色哲学社会科学，建设具有强大凝聚力和引领力的社会主义意识形态，进一步丰富和发展当代中国马克思主义、二十一世纪马克思主义，对于彰显中国大学社会主义底色，引导青年学生牢固树立共产主义远大理想和中国特色社会主义共同理想，培养一代又一代社会主义建设者和接班人，具有重要意义。

> **重要论述**　　"马院姓马，在马言马"

　　高校马克思主义学院就是要坚持"马院姓马，在马言马"的鲜明导向和办学原则，为巩固马克思主义在意识形态领域的指导地位，推动马克思主义进校园、进课堂、进学生头脑，发挥应有作用。

　　——习近平 2018 年 5 月 2 日在北京大学考察时强调

62　为什么要加强历史文化遗产保护？

　　历史文化遗产承载着中华民族的基因和血脉，不仅属于我们这一代人，也属于子孙万代。要敬畏历史、敬畏文化、敬畏生态，全面保护好历史文化遗产，统筹好旅游发展、特色经营、古城保护，筑牢文物安全底线，守护好前人留给我们的宝贵财富。

❯ 相关知识　我国是近年全球世界遗产数量增长最快的国家之一

　　我国于 1985 年加入《保护世界文化和自然遗产公约》，2004 年加入《保护非物质文化遗产公约》。

　　截至 2020 年底，我国已成功申报世界遗产（含非物质文化遗产名录）97 项。其中，我国有长城、明清故宫（北京故宫、沈阳故宫）、莫高窟、秦始皇陵及兵马俑坑等世界文化遗产 37 处，有武陵源、九寨沟、黄龙、三江并流等世界自然遗产 14 处，有泰山、黄山、峨眉山—乐山大佛和武夷山等世界文化和自然双遗产 4 处，有昆曲、古琴艺术、新疆维吾尔木卡姆艺术、蒙古族长调民歌等非物质文化遗产名录（名册）42 项。世界遗产总数、自然遗产和双遗产、非物质文化遗产数量均居世界第一，是近年全球世界遗产数量增长最快的国家之一。

中国文化遗产标志

习近平在中共中央政治局第二十三次集体学习时强调　建设中国特色中国风格中国气派的考古学　更好认识源远流长博大精深的中华文明

63　为什么要让文物活起来？

　　文物承载灿烂文明，传承历史文化，维系民族精神，是老祖宗留给我们的宝贵遗产，是加强社会主义精神文明建设的深厚滋养。保护文物功在当代、利在千秋。要系统梳理传统文化资源，让收藏在禁宫里的文物、陈列在广阔大地上的遗产、书写在古籍里的文字都活起来。

如何在新时代传承发展农耕文明？

中华文明根植于农耕文明。要让有形的乡村文化留得住，充分挖掘具有农耕特质、民族特色、地域特点的物质文化遗产，加大古镇、古村落、古建筑、民族村寨、文物古迹、农业遗迹的保护力度。要让活态的乡土文化传下去，深入挖掘民间艺术、戏曲曲艺、手工技艺、民族服饰、民俗活动等非物质文化遗产。要把保护传承和开发利用有机结合起来，赋予新的时代内涵，让中华优秀传统文化生生不息，让我国历史悠久的农耕文明在新时代展现其魅力和风采。

 如何在新时代保存城市历史和文脉？

一个城市的历史遗迹、文化古迹、人文底蕴，是城市生命的一部分。文化底蕴毁掉了，城市建得再新再好，也是缺乏生命力的。保护好传统街区，保护好古建筑，保护好文物，就是保存了城市的历史和文脉。对待古建筑、老宅子、老城区要有珍爱之心、尊崇之心。

> **❯ 重要论述**　**要保护好前人留下的文化遗产**
>
> 　　要保护好前人留下的文化遗产，包括文物古迹，历史文化名城、名镇、名村，历史街区、历史建筑、工业遗产，以及非物质文化遗产，不能搞"拆真古迹、建假古董"那样的蠢事。既要保护古代建筑，

世界文化遗产——皖南古村落

也要保护近代建筑；既要保护单体建筑，也要保护街巷街区、城镇格局；既要保护精品建筑，也要保护具有浓厚乡土气息的民居及地方特色的民俗。

——习近平 2015 年 12 月 20 日在中央城市工作会议上的讲话

66 为什么要加强革命文物保护利用？

革命文物承载党和人民英勇奋斗的光荣历史，记载中国革命的伟大历程和感人事迹，是党和国家的宝贵财富，是弘扬革命传统和革命文化、加强社会主义精神文明建设、激发爱国热情、振奋民族精神的生动教材。加强革命文物保护，弘扬革命文化，传承红色基因，是全党全社会共同责任。

党的一大会址

67 为什么要建设国家文化公园？

建设国家文化公园，是发掘好、利用好丰富文物和文化资源，让文物说话、让历史说话、让文化说话，推动中华优秀传统文化创造性转化创新性发展、传承革命文化、发展先进文化的重大举措，对于进一步坚定文化自信，充分彰显中华优秀传统文化持久影响力、革命文化强大感召力、社会主义先进文化强大生命力，具有重要意义。

> 相关知识　**国家文化公园**

　　国家文化公园是国家推进实施的重大文化工程，通过整合具有突出意义、重要影响、重大主题的文物和文化资源，实施公园化管理运营，实现保护传承利用、文化教育、公共服务、旅游观光、休闲娱乐、科学研究功能，形成具有特定开放空间的公共文化载体，集中打造中华文化重要标志，以进一步坚定文化自信，充分彰显中华优秀传统文化持久影响力、社会主义先进文化强大生命力。

> 延伸阅读　**大运河、长城、长征、黄河等**
> 　　　　　　**国家文化公园建设**

　　2019年12月，中共中央办公厅、国务院办公厅印发《长城、大运河、长征国家文化公园建设方案》，提出以长城、大运河、长征沿线一系列主题明确、内涵清晰、影响突出的文物和文化资源为主干，推进国家文化公园建设。

　　2020年10月，中国共产党第十九届中央委员会第五次全体会议通过《中共中央关于制定国民经济和社会发展第十四个五年规划和二〇三五年远景目标的建议》，提出建设黄河国家文化公园。

　　2021年4月，国家发展改革委等7部门印发《文化保护传承利用工程实施方案》，提出到2025年，大运河、长城、长征、黄河等国家文化公园建设基本完成，打造形成一批中华文化重要标志。

为什么要构建现代公共文化服务体系？

构建现代公共文化服务体系，是保障和改善民生的重要举措，是全面深化文化体制改革、促进文化事业繁荣发展的必然要求，是弘扬社会主义核心价值观、建设社会主义文化强国的重大任务。

为什么要促进全民阅读？

阅读是获取知识、增长智慧的重要方式，是传承文明、提高国民素质的重要途径，深入推进全民阅读，对加强社会主义精神文明建设、促进社会进步具有重要意义。

如何推进文化产业高质量发展？

　　推进文化产业高质量发展，是社会主义市场经济条件下丰富文化供给，满足人民多样化、多层次、多方面精神文化需求的基本途径。要突出文化主业，做强做优供给主体，形成独特优势。要推进业态创新，以新技术、新手段、新模式开发激活文化资源。要加强引导规范，更好地把社会效益放在首位，推出更多精品力作。

为什么要推进文旅融合？

　　文化是旅游的灵魂，人文资源是旅游的核心资源。新时代文化与旅游融合发展，机遇难得、大有可为。要坚持以文塑旅、以旅彰文，使文化繁荣和旅游发展相互促进、相得益彰。要深入挖掘文化旅游资源，大力提升旅游的思想文化内涵，充分彰显中华文化独特魅力，推动优秀传统文化活起来、革命文化和红色基因传下去、社会主义先进文化广为弘扬。

72 为什么要铸牢中华民族共同体意识？

铸牢中华民族共同体意识，就是要引导各族人民牢固树立休戚与共、荣辱与共、生死与共、命运与共的共同体理念。铸牢中华民族共同体意识，是维护各民族根本利益的必然要求，是实现中华民族伟大复兴的必然要求，是巩固和发展平等团结互助和谐社会主义民族关系的必然要求，是党的民族工作开创新局面的必然要求。

如何正确认识中华文化和各民族文化的关系？

　　多民族是我国的一大特色，也是我国发展的一大有利因素。各民族共同开发了祖国的锦绣河山、广袤疆域，共同创造了悠久的中国历史、灿烂的中华文化。各民族优秀传统文化都是中华文化的组成部分，中华文化是主干，各民族文化是枝叶，根深干壮才能枝繁叶茂。

篇四

提升维护塑造国家文化安全能力

如何加强国家文化安全能力建设？

当前，我国国家安全环境仍然复杂，国家安全形势仍然严峻。适应新时代新任务新要求，我们必须从物质、技术、装备、人才、法律、机制等入手，全面加强国家文化安全能力建设，为维护塑造国家文化安全提供有力保障。

为什么要建立意识形态工作责任制？

建立意识形态工作责任制，是加强党对意识形态工作全面领导的重大举措，也是坚持马克思主义在意识形态领域指导地位这一根本制度的重要体现。

如何坚持马克思主义在意识形态领域指导地位的根本制度？

　　全面贯彻落实习近平新时代中国特色社会主义思想，健全用党的创新理论武装全党、教育人民工作体系，完善党委（党组）理论学习中心组等各层级学习制度，建设和用好网络学习平台。深入实施马克思主义理论研究和建设工程，把坚持以马克思主义为指导全面落实到思想理论建设、哲学社会科学研究、教育教学各方面。加强和改进学校思想政治教育，建立全员、全程、全方位育人体制机制。落实意识形态工作责任制，注意区分政治原则问题、思想认识问题、学术观点问题，旗帜鲜明反对和抵制各种错误观点。

如何坚持以社会主义核心价值观引领文化建设的制度?

推动理想信念教育常态化、制度化,弘扬民族精神和时代精神,加强党史、新中国史、改革开放史、社会主义发展史教育,加强爱国主义、集体主义、社会主义教育,实施公民道德建设工程,推进新时代文明实践中心建设。坚持依法治国和以德治国相结合,完善弘扬社会主义核心价值观的法律政策体系,把社会主义核心价值观要求融入法治建设和社会治理,体现到国民教育、精神文明创建、文化产品创作生产全过程。推进中华优秀传统文化传承发展工程。完善青少年理想信念教育齐抓共管机制。健全志愿服务体系。完善诚信建设长效机制,健全覆盖全社会的征信体系,加强失信惩戒。

如何健全人民文化权益保护制度？

坚持以人民为中心的工作导向，完善文化产品创作生产传播的引导激励机制，推出更多群众喜爱的文化精品。完善城乡公共文化服务体系，优化城乡文化资源配置，推动基层文化惠民工程扩大覆盖面、增强实效性，健全支持开展群众性文化活动机制，鼓励社会力量参与公共文化服务体系建设。

如何完善坚持正确导向的舆论引导机制？

坚持党管媒体原则，坚持团结稳定鼓劲、正面宣传为主，唱响主旋律、弘扬正能量。构建网上网下一体、内宣外宣联动的主流舆论格局，建立以内容建设为根本、先进技术为支撑、创新管理为保障的全媒体传播体系。改进和创新正面宣传，完善舆论监督制度，健全重大舆情和突发事件舆论引导机制。建立健全网络综合治理体系，加强和创新互联网内容建设，落实互联网企业信息管理主体责任，全面提高网络治理能力，营造清朗的网络空间。

 如何建立健全文化创作生产体制机制?

　　深化文化体制改革，加快完善遵循社会主义先进文化发展规律、体现社会主义市场经济要求、有利于激发文化创新创造活力的文化管理体制和生产经营机制。健全现代文化产业体系和市场体系，完善以高质量发展为导向的文化经济政策。完善文化企业履行社会责任制度，健全引导新型文化业态健康发展机制。完善文化和旅游融合发展体制机制。加强文艺创作引导，完善倡导讲品位讲格调讲责任、抵制低俗庸俗媚俗的工作机制。

如何建设新时代文明实践中心？

　　建设新时代文明实践中心，是深入宣传习近平新时代中国特色社会主义思想的重要载体。要大力发扬我们党宣传群众、教育群众、引领群众、服务群众的优良传统，着力用习近平新时代中国特色社会主义思想武装人、用社会主义核心价值观培育人。要坚持群众主体地位，践行为人民服务宗旨，突出精准、注重实效、形成常态，激发人民群众劳动创造幸福、奋斗成就梦想的动力和热情。要加强组织领导，强化责任落实，注重城乡一体推进，抓好资源统筹整合，推动新时代文明实践中心建设向纵深发展。

怎样抓好县级融媒体中心建设？

县级融媒体中心是打通基层宣传思想文化工作到达群众"最后一公里"的重要探索。抓好县级融媒体中心建设，要全面推进工作理念、内容建设、话语方式、体制机制等改革创新，在统筹资源、整合力量上实现新突破，在补齐短板、加固底板上实现新作为。推动新闻信息与政务、服务紧密结合，注重端网速度、体现报台深度，多用照片、视频等人们喜爱的形式，在倾听百姓呼声、回应百姓关切中宣传引导群众。

 如何建好用好"学习强国"学习平台？

建设"学习强国"学习平台，是新形势下强化理论武装和思想教育的创新探索，是推动习近平新时代中国特色社会主义思想学习贯彻不断深入的重要举措。建好用好学习平台，必须突出思想性、新闻性、综合性、服务性。要坚持鲜明主题、突出重点，打造学习宣传习近平新时代中国特色社会主义思想全面丰富的信息库。要坚持立足全党、面向社会，丰富学习内容和资源，创新学习方式和组织形式。要坚持开门办、大家办，齐心协力打造内容权威、特色鲜明、技术先进、广受欢迎的思想文化聚合平台。

 公共文化设施主要包括哪些?

《中华人民共和国公共文化服务保障法》规定，公共文化设施由政府主导、社会力量参与建设。主要包括图书馆、博物馆、文化馆（站）、美术馆、科技馆、纪念馆、体育场馆、工人文化宫、青少年宫、妇女儿童活动中心、乡镇（街道）和村（社区）基层综合性文化服务中心、农家（职工）书屋、公共阅报栏（屏）等。

85　如何更好发挥高端智库作用？

要建设一批国家亟需、特色鲜明、制度创新、引领发展的高端智库，重点围绕国家重大战略需求开展前瞻性、针对性、储备性政策研究。要把重点放在提高研究质量、推动内容创新上。要加强决策部门同智库的信息共享和互动交流，把党政部门政策研究同智库对策研究紧密结合起来，引导和推动智库建设健康发展、更好发挥作用。

86 广播电台、电视台禁止制作播放哪些节目？

《广播电视管理条例》规定，广播电台、电视台应当提高广播电视节目质量，增加国产优秀节目数量，禁止制作、播放载有下列内容的节目：

（一）危害国家的统一、主权和领土完整的；

（二）危害国家的安全、荣誉和利益的；

（三）煽动民族分裂，破坏民族团结的；

（四）泄露国家秘密的；

（五）诽谤、侮辱他人的；

（六）宣扬淫秽、迷信或者渲染暴力的；

（七）法律、行政法规规定禁止的其他内容。

 新闻作品是否应受著作权法保护？

　　具有独创性并能以一定形式表现的新闻作品，包括但不限于文字作品、摄影作品、视听作品都受著作权法保护。单纯事实消息不受著作权法保护。

 公民的作品相关著作权保护期限是多长？

　　公民的作品，其发表权、使用权和获得报酬权的保护期为作者终生及其死亡后 50 年，截止于作者死亡后第 50 年的 12 月 31 日；如果是合作作品，截止于最后死亡的作者死亡后第 50 年的 12 月 31 日。

89 如何把广大网民凝聚到党的周围？

人心是最大的政治。做网上工作不能见网不见人，必须下大力气做好人的工作，把广大网民凝聚到党的周围。争取人心，要区别不同问题、采取不同方法。要区分政治问题、思想认识问题、学术问题，这在网上也是适用的。属于学术问题的，要坚持百花齐放、百家争鸣，积极加以引导；属于思想认识问题的，要积极教育转化、团结争取；属于政治问题的，就要严格加以约束、开展必要的斗争。既不能把网上政治问题当成一般问题，缺乏政治敏感性和政治警觉性，反应迟钝、应付消极；也不能把一般问题政治化，把舆情当敌情，简单粗暴、一删了之。

90　为什么要进行网络信息内容生态治理？

进行网络信息内容生态治理，是为了营造良好网络生态，保障公民、法人和其他组织的合法权益，维护国家安全和公共利益。

91　网络运营者开展传播服务应履行哪些基本义务？

网络运营者开展传播服务，必须遵守法律、行政法规，尊重社会公德，遵守商业道德，诚实信用，履行网络安全保护义务，接受政府和社会的监督，承担社会责任。

如何加快构建中国话语和中国叙事体系?

　　加快构建中国话语和中国叙事体系,用中国理论阐释中国实践,用中国实践升华中国理论,打造融通中外的新概念、新范畴、新表述,更加充分、更加鲜明地展现中国故事及其背后的思想力量和精神力量。要加强对中国共产党的宣传阐释,帮助国外民众认识到中国共产党真正为中国人民谋幸福而奋斗,了解中国共产党为什么能、马克思主义为什么行、中国特色社会主义为什么好。要围绕中国精神、中国价值、中国力量,从政治、经济、文化、社会、生态文明等多个视角进行深入研究,为开展国际传播工作提供学理支撑。要更好推动中华文化走出去,以文载道、以文传声、以文化人,向世界阐释推介更多具有中国特色、体现中国精神、蕴藏中国智慧的优秀文化。要注重把握好基调,既开放自信也谦逊谦和,努力塑造可信、可爱、可敬的中国形象。

93　如何全面提升国际传播效能？

要建强适应新时代国际传播需要的专门人才队伍。要加强国际传播的理论研究，掌握国际传播的规律，构建对外话语体系，提高传播艺术。要采用贴近不同区域、不同国家、不同群体受众的精准传播方式，推进中国故事和中国声音的全球化表达、区域化表达、分众化表达，增强国际传播的亲和力和实效性。要广交朋友、团结和争取大多数，不断扩大知华友华的国际舆论朋友圈。要讲究舆论斗争的策略和艺术，提升重大问题对外发声能力。

习近平在中共中央政治局第三十次集体学习时强调　加强和改进国际传播工作　展示真实立体全面的中国

94 怎样更好推动中华文化走出去？

中华文化既是历史的也是当代的，既是中国的也是世界的。更好推动中华文化走出去，要以文载道、以文传声、以文化人，向世界阐释推介更多具有中国特色、体现中国精神、蕴藏中国智慧的优秀文化。要深入开展各种形式的人文交流活动，通过多种途径推动我国和各国的人文交流和民心相通。

95 如何保护红色资源？

红色资源是我们党艰辛而辉煌奋斗历程的见证，是最宝贵的精神财富，一定要用心用情用力保护好、管理好、运用好。一是要加强科学保护，二是要开展系统研究，三是要打造精品展陈，四是要强化教育功能。

习近平在中共中央政治局第三十一次集体
学习时强调　用好红色资源赓续红色血脉　努
力创造无愧于历史和人民的新业绩

96 为什么制定《中华人民共和国英雄烈士保护法》？

为了加强对英雄烈士的保护，维护社会公共利益，传承和弘扬英雄烈士精神、爱国主义精神，培育和践行社会主义核心价值观，激发实现中华民族伟大复兴中国梦的强大精神力量，根据宪法，制定《中华人民共和国英雄烈士保护法》。

> **延伸阅读** 《关于加强新时代烈士褒扬工作的意见》
>
> 为深入贯彻落实习近平总书记关于烈士褒扬工作重要指示批示精神，推动新时代烈士褒扬工作创新发展，2022年3月，中共中央办公厅、国务院办

公厅、中央军委办公厅印发《关于加强新时代烈士褒扬工作的意见》。《意见》指出，英雄烈士是民族的脊梁、时代的先锋，英烈事迹和精神是中华民族的共同历史记忆和宝贵精神财富，是激励全党全国各族人民不懈奋斗的力量源泉。随着我国开启全面建设社会主义现代化国家新征程，弘扬英烈精神，赓续红色血脉，让红色江山代代相传，成为时代赋予烈士褒扬工作的重要使命任务。

97 如何筑牢文物安全底线？

要加强文物保护总体规划，统筹抢救性保护和预防性保护、本体保护和周边保护、单体保护和集群保护，维护文物资源的历史真实性、风貌完整性、文化延续性，筑牢文物安全底线。

98 哪些文物受国家保护？

《中华人民共和国文物保护法》规定，在中国人民共和国境内，下列文物受国家保护：

（一）具有历史、艺术、科学价值的古文化遗址、古墓葬、古建筑、石窟寺和石刻、壁画；

（二）与重大历史事件、革命运动或者著名人物有关的以及具有重要纪念意义、教育意义或者史料价值的近代现代重要史迹、实物、代表性建筑；

（三）历史上各时代珍贵的艺术品、工艺美术品；

（四）历史上各时代重要的文献资料以及具有历史、艺术、科学价值的手稿和图书资料等；

（五）反映历史上各时代、各民族社会制度、社会生产、社会生活的代表性实物。

非物质文化遗产有哪些？

非物质文化遗产，是指各族人民世代相传并视为其文化遗产组成部分的各种传统文化表现形式，以及与传统文化表现形式相关的实物和场所。包括：（一）传统口头文学以及作为其载体的语言；（二）传统美术、书法、音乐、舞蹈、戏剧、曲艺和杂技；（三）传统技艺、医药和历法；（四）传统礼仪、节庆等民俗；（五）传统体育和游艺；（六）其他非物质文化遗产。

100　社会力量是否可以设立博物馆？

《博物馆条例》规定，国家鼓励企业、事业单位、社会团体和公民等社会力量依法设立博物馆。

101 我国建设电影强国的目标是什么？

《"十四五"中国电影发展规划》提出，展望2035 年，我国将建成电影强国，中国电影实现高质量发展，电影创作生产能力显著增强，彰显中国精神、中国价值、中国力量、中国美学的精品力作不断涌现，以国产影片为主导的电影市场规模全球领先，电影产业体系和公共服务体系更加完善，培养造就一批世界知名的电影艺术家，中国电影在世界电影格局中的话语权和影响力大幅提升。

> ❯ 延伸阅读　中国电影产业发展取得巨大成就
>
> 《中华人民共和国电影产业促进法》实施以来，中国电影票房收入持续增长，2017 年 11 月，全国电影年票房首次突破 500 亿元；2018 年 12 月底，全国电影年票房首次突破 600 亿元；2019 年 12 月初，全国电影年票房再次突破 600 亿元。

经历了 2020 年的蛰伏，2021 年的中国电影市场是复苏，也是重生。电影市场方面，国家电影局 2022 年 1 月 1 日发布数据显示，2021 年我国电影总票房达 472.58 亿元，其中国产电影票房为 399.27 亿元，占总票房的 84.49%。全年新增银幕 6667 块，银幕总数达到 82248 块，全年总票房和银幕总数继续保持全球第一，电影市场活力显现。

102 国家支持哪些电影的创作、摄制？

根据《中华人民共和国电影产业促进法》，国家支持下列电影的创作、摄制：

（一）传播中华优秀文化、弘扬社会主义核心价值观的重大题材电影；

（二）促进未成年人健康成长的电影；

（三）展现艺术创新成果、促进艺术进步的电影；

（四）推动科学教育事业发展和科学技术普及的电影；

（五）其他符合国家支持政策的电影。

103　为什么要深入开展"扫黄打非"？

"扫黄打非"处在意识形态斗争前沿，是党管意识形态工作的重要抓手，肩负着依法治理文化市场、荡涤文化污浊、保障人民基本文化权益、维护国家文化安全的重要职责。

104　为什么要加强文化市场综合执法能力建设？

我国文化开放水平不断提高，各类文化市场主体迅速发展，新型文化业态大量涌现，文化市场发展与管理面临许多新形势新要求，迫切需要进一步提高文化市场综合执法能力和水平。

105 怎样推进大中小学国家文化安全教育？

以习近平新时代中国特色社会主义思想为指导，贯彻党的教育方针，落实立德树人根本任务，牢固树立和全面践行总体国家安全观，构建具有中国特色的国家文化安全教育体系，系统推进国家文化安全教育进课程、进教材、进校园，全面增强大中小学生的国家文化安全意识，提升维护国家文化安全能力。

> **相关知识** 《大中小学国家安全教育指导纲要》施行

《大中小学国家安全教育指导纲要》是根据 2018 年 4 月《教育部关于加强大中小学国家安全教育的实施意见》的要求，由教育部牵头制定的，旨在加强大中小学国家安全教育。《纲要》于 2020 年 9 月 28 日正式发布施行。

 **如何加强国家文化安全人才 队伍建设？**

必须加强党的建设，坚持以政治建设为统领，教育引导国家文化安全相关部门和各级干部坚决捍卫"两个确立"，增强"四个意识"、坚定"四个自信"、做到"两个维护"，建设一支忠诚可靠的国家文化安全队伍。

公民如何参与维护国家文化 安全？

公民应当遵守《国家安全法》及有关文化安全的

相关法律规定，不得危害国家文化安全。应当及时报告危害国家文化安全活动的线索，如实提供所知悉的涉及危害国家文化安全活动的证据，为国家文化安全工作提供便利条件或者必要的支持、协助。

视频索引

后　记

　　文化是国家和民族生存与发展的重要力量，实现中华民族伟大复兴中国梦需要物质文明和精神文明协调发展。文化安全是维护国家安全的重要保障。国家文化安全工作是国家安全的重要组成部分，也是保障国泰民安一项十分重要的工作。文化安全是国家安全体系的重要组成部分，必须增强忧患意识，始终居安思危，贯彻总体国家安全观。为全面贯彻党中央关于加强国家安全教育、统筹发展与安全两件大事、把国家安全工作贯穿于一切工作全过程的部署要求，落实增强全民国家文化安全意识、自觉维护和塑造国家文化安全的重要任务，中共中央宣传部组织编写了本书。

本书不足之处，敬请广大读者提出宝贵意见。

编　者

2022 年 3 月

编辑统筹：张振明

责任编辑：余　平　池　溢

装帧设计：周方亚

责任校对：吕　飞　余　佳

图书在版编目（CIP）数据

国家文化安全知识百问／《国家文化安全知识百问》编写组著．——
　北京：人民出版社，2022.4
ISBN 978－7－01－024657－4

I.①国…　II.①国…　III.①文化－国家安全－中国－问题解答
　IV.①G12-44

中国版本图书馆 CIP 数据核字（2022）第 047372 号

国家文化安全知识百问

GUOJIA WENHUA ANQUAN ZHISHI BAIWEN

本书编写组

人民出版社 出版发行

（100706　北京市东城区隆福寺街 99 号）

中煤（北京）印务有限公司印刷　新华书店经销

2022 年 4 月第 1 版　2022 年 4 月北京第 1 次印刷
开本：880 毫米 × 1230 毫米 1/32　印张：4
字数：54 千字

ISBN 978－7－01－024657－4　定价：20.00 元

邮购地址 100706　北京市东城区隆福寺街 99 号
人民东方图书销售中心　电话（010）65250042　65289539